BALLET
DE
LA RAILLERIE.

Dansé par sa Majesté le 19.
Feburier 1659.

A PARIS,
Par ROBERT BALLARD, seul Imprimeur
du Roy, pour la Musique.

M. DC. LIX.
AVEC PRIVILEGE DV ROY.

BALLET
DE
LA RAILLERIE.

COMME le seul tître de ce Ballet suffit pour luy seruir d'Argument, la premiere ouuerture du Theatre expose aux yeux des spectateurs vn Portique dans lequel parest la Poësie Françoise, qui pour s'adonner à la Raillerie s'estant occupée depuis quelque temps à faire des pourtraits, en a fait venir la Mode, jusqu'au point que la plufpart des gens se raillent d'eux-mesme : Et dans cette pensée elle vient faire le pourtraict du Ballet.

La Poësie Françoise.

RECIT.

La Poësie, representée par Mademoiselle Hilaire.

IE descends du sacré valon
Où je regne auec Apollon,
Pour le Pinçeau j'abandonne la Plume,
Ie ne fay plus que des Pourtraits;
Et j'en ay tellement établi la coûtume,
Que tout le monde veut peindre ses propres traits.

J'ay quitté l'employ glorieux
De peindre les Rois, & les Dieux,
En vain l'Amour presse mon industrie
Pour ses traits & pour son flambeau;
Ce que j'ay de couleurs sont pour la RAILLERIE,
Dont j'entreprends icy de faire le tableau.

Le Re-

LE Recit acheué la Perspectiue commence à se descouurir tout à fait, & laisse voir vne grande court d'vn beau Palais, auec vne Fontaine au milieu, aupres de laquelle sont assises en conuersation la Raillerie, la Sagesse, & la Folie qui chantent les vers Italiens qui suiuent, dont la version a esté faite par vn autre que par celuy qui a fait les vers du Ballet.

La Raillerie, representée par Mademoiselle de la Barre
La Sagesse, par Mademoiselle Hilaire.
La Folie, par La Signora Anna Bergerotti.

B

La Beffa, la Saviezza, la Pazzia.

TVTTE TRE'.

L'Vn dell'altro ogn'vn si burla
Si tal'hor sono i viuenti
Nella sorte contraria al par contenti,
Quel che canta, è quel che vrla
L'vn del'altro ogn'vn si burla.

LA BEFFA.

Cosi à me sola è dato,
A me, che son di Corte Hospite eterna,
E' à gli infimi, e supremi
Dispensatrice egual d'armi da scherzo,
Dato è (dico) à me sola
Farui concordi ò Qualitadi opposte
Sempre à beffarui à gara ambo disposte.

LA SAVIEZZA, E LA PAZZIA.

E di non ridere
Com' è possibile?
Di per tua fè
Lasciarmi vccidere
Meno insoffribile
Sarebbe a mè
E non ridere. &c.

La Raillerie, la Sagesse, & la Folie.

TOVTES ENSEMBLE.

Par tout l'vn se moque de l'autre;
Le simple artisan rit autant
Que le Riche & que l'important:
Mortelz, quel esprit est le vostre?
Chacun de son sort est content,
Soit en heurlant soit en chantant
Par tout l'vn se moque de l'autre.

LA RAILLERIE. à la Sagesse, & à la Folie.

C'est en moy que toutes les Cours
Ont de tout temps trouué des charmes;
C'est moy que l'on void tous les jours
Aux petits comme aux grands fournir d'égales armes:
Armes pourtant de qui les coups
e sont qu'agreables & doux
ne coustent ny sang ny larmes;
ıfin, c'est moy qui dans mes plaisans jeux
?uoy que par tout vous soyez opposées)
mble vous auoir disposées
vous reünir toutes deux.

LA SAGESSE, ET LA FOLIE.

Qui de nous en bonne foy
Pourroit s'empescher de rire?
Ie confesse que pour moy
Ce seroit vn grand martyre
?ue de ne rire pas voyant ce que je voy.

LA PAZZIA.

Che colei solo col pondo
De leggieri
Suoi pensieri
Voglia ogn'hor pesare il Mondo

LA SAVIEZZA.

Che torcendo essa il timone
Di sua Prora
Fede ogn'hora
Nieghi al polo di Ragione

TVTTE DVE.

E di non ridere. &c.

TVTTE TRE.

Ma voi Dee di beltà,
Che de piu veri amanti
Con superba impietà
Prendet' à giuoco il duolo, à riso i pianti.
Sapete che fia?
Amor, che nulla oblia
Di tal Sorte anche vn di voi punirà
Si vuol giusto Fato
CHI BEFFA, È BEFFATO.

LA FOLIE. à la Sagesse.

Quoy ? par ces caprices diuers
Celle-cy de tout l'Vniuers
Voudra regler le sort & la conduite ?

LA SAGESSE. à la Folie.

Quoy ? par tout mal-reglée & de tout mal-instruite
On verra celle-là mettre tout à l'enuers
Et deuant la raison prendre toujours la fuite ?

LA SAGESSE, ET LA FOLIE.

Qui de nous, en bonne foy,
Pourroit s'empescher de rire ?
Ie confesse que pour moy
Ce seroit vn grand martyre
Que de ne rire pas voyant ce que je voy.

LA SAGESSE, LA FOLIE, LA RAILLERIE.

Aux Dames.

Vous, aussi fieres que belles,
Qui voyez d'vn œil mocqueur
Les peines les plus cruelles
Que cause vostre rigueur ;
Amour a bonne memoire,
Et lors que l'on l'a choqué
Il sçait bien vanger sa gloire ;
Le sort le veut ainsi, qui se mocque est mocqué.

Icy commence le Ballet.

Premiere Entreé.

LE Ris accompagné d'vne Symphonie de toute forte de Fleurs, appellées communément par les Poëtes, le Ris des Prairies, se vient réjoüir de ce que la Raillerie sa Compagne, a reduit tout le monde a faire profession de la suiure, comme il paroist dans les railleries reciproques qui fondent toutes les Entrées du Ballet.

Pour SA MAIESTE', *repreſentant le Ris.*

LA grauité d'Eſpagne eſt bien déconcertée
Par ce Ris éclatant qui vient de l'allarmer,
 O que c'eſt vn Ris amer
 A la Flandre épouuantée!

La grace à le former s'eſt ſi bien employée,
Qu'il n'eſt point de Beauté ſi modeſte aujourd'huy
 Qui ne voulut auec luy,
 Rire à gorge déployée.

Sa moderation laiſſe bien des malades
Qui languiſſent autour de cet aymable Ris,
 Et luy font tant de ſouris,
 Tant de mines, tant d'œillades.

Il est charmant & doux, & sa maniere touche
Infinité de cœurs qui n'en témoignent rien :
    Que ce Ris *là seroit bien*
    Le fait d'vne belle Bouche.

Amour, qui tant qu'il peut pousse les traits
    qu'il forge,
N'attend plus rien sinon que le temps soit venu
    Où ce Ris *moins retenu*
    Passe le nœu de la gorge.

Fleurs. Messieurs de Molier, Tissu, Itier, Couperin, Pinel, Richard, le Camus, Hauteman, Martin, Couperin le jeune, Pinel le jeune, le Moine, Garnier, d'Alissan, Buret, & Mezeret.

II. ENTRÉE.

Quatre Vieillards, & quatre Enfants.

Vieillards, Messieurs de S. Maury, & Cabou, les Sieurs Lambert, & Doliuet.
Enfants, Le Cheuallier, du Mont, Des-Airs le fils, & Lestang.

L Es vns sont si cassez, qu'à peine ils se soû-
    tiennent,
Les autres au maillot naguére estoient captifs,
Et l'on ne sçait quasi qui sont les plus chétifs
Ou de ceux qui s'en vont, ou de ceux qui s'en
    viennent.

III. ENTRÉE.

Des sçauans & des Ignorans representez par trois Docteurs, & trois Païsans.

Docteurs, Les Sieurs du Pront, la Font, & Raynal.
Païsans, Les Sieurs Don, Beauchamp, & Des-Airs.

CE ne sont pas les plus Sots
Que ces pauures Idiots
Qui n'ont veu que leur Cabane,
Gens simples, & non menteurs,
N'entendant point la Chicane :
Cherchez parmy ces Docteurs
Vous trouuerez là vostre Asne.

IV. ENTRÉE.

D'vn Poltron & deux Braues.

Poltron, Monsieur Baptiste Lully.
Braues, Messieurs Bontemps, & Coquet.

LA Valeur, & la Lascheté
Ont chacune à part leur beauté,
L'vne brillante, l'autre sombre :
Leurs traits sont par tout adorez,
L'vne a beaucoup d'Amans, & qui sont declarez,
L'autre en a de secrets, mais en bien plus grand
nombre.

V. ENTRÉE.

V. ENTRÉE.

Du Bonheur, de l'Esprit, & de l'Argent.

LE ROY, representant le Bonheur.
L'Esprit. Monsieur Langlois. L'Argent. le Sieur le Vacher.

Pour sa Majesté, representant le Bonheur.

L'Vn soustient que c'est le Bonheur,
   L'autre dit que c'est le Merite;
Et chacun des deux se dépite
A cause qu'il ne peut regler ce point d'honneur,
   Tant la difference est petite.

Il n'est point de Bonheur, ou le voila, dit l'vn,
   Et le bon sens repugne au vostre:
   Suffit icy du Sens commun,
Il n'est point de Merite, ou le voila, dit l'autre,
   Prouuez-moy comme le hazard
   En son fait a beaucoup de part,
Pour vostre opinion j'auray sur ce regard
   Vne déferance subite,
   Par exemple, s'il est né
      Couronné,
     Ie le quitte.

  Vous vous rendez, dit le premier,
Et vostre cause n'est pas bonne,

D

Ie m'en vay vous justifier
Comme il a receu la Couronne
Presqu'au temps qu'il receut le jour.

La-dessus interuient l'Amour
Sans dire garre ;
Et pour finir la bagarre,
Il a ces mots prononcez.

C'est le Bonheur tout pur, & j'en enrage assez,
Vne pureté si grande
N'est pas ce que je demande :
Sans cesse du Merite il est accompagné,
Et vous auez tous deux gagné.

VI. ENTRE'E.

Des Sobres, & des Yurongnes.

Sobres. Le Marquis de Genlis, Monsieur Ioyeux, & le Sieur Tourry.

Yurongnes. Monsieur Cabou, & les Sieurs Beauchamp, Doliuet, le Conte, Raynal, & Des-Brosses.

CEs gens-là sont mal-assortis,
Il est beau pour vn des partis
D'auoir la Raison en partage:
Cependant l'abondance a de puissans apas,
Et ceux qui sont remplis ont vn grand aduantage
Sur ceux qui ne le sont pas.

Pour le Marquis de Genlis, *representant vn Sobre.*

SI tout le monde à la mesure
De son desir auoit de la beauté,
Ne deuroit-on pas, ô Nature!
Admirer ma sobrieté?

INTERMEDIO
De la Musica Francese, è la Musica Italiana.

La Signora Anna Bergerotti, *rapresentate la Musica Jtaliana*.

La Musica Italiana.

Gentil Musica Francese
Il mio Canto in che t'offese?

La Musica Francese.

Bell' italica sirena.
Strana è ben tal' hor tua vena.

La Mus. Ital.

Tù formar altro non sai
Che languenti, e mesti lai.

La Mus. Franc.

Più diletto il mio stil porge
Che le tue noiose gorge.

La Mus. Ital.

Qual raggion vuol che tù deggi?
Del tuo gusto altrui far leggi.

La Mus. Franc.

Deh cediam l'vn l'altra il vanto,
Io in comporre, e tù nel canto

INTERMEDE.

De la Musique Françoise, & de la Musique Italienne.

Mademoiselle de la Barre, representant la Musique Françoise.

L'Italienne.

O Musique Françoise! apprends moy je te prie
Ce qui te semble en moy digne de raillerie?

La Françoise.

Le trop de liberté que tu prends dans tes chants
Les rend par fois extrauagans.

L'Italienne.

Toy par tes nottes languissantes,
Tu pleures plus que tu ne chantes.

La Françoise.

Et toy, penses-tu faire mieux
Auec tes fredons ennuyeux?

L'Italienne.

Mais ton orgueil aussi ne doit pas se promettre
Qu'a ton seul jugement je me veuille soûmettre.

La Françoise.

Ie composeray comme toy,
Si tu veux chanter comme moy.

E

La Muſ. Ital.

Io di te canto più forte
Perche amo più di tè
Chi riſente vn mal di morte
Più che può grida mercè.

La Muſ. Franc.

I' miei tuoni humili, e lenti
Spiegan meglio il mio languire,
Chi vicino è di morire
Non può dar forza agl' accenti.

Tutte due.

Dunque sù cantiamo inſieme
Che trà gioia, e trà dolore
Ben' s'accordano in Amore
Cor che canta, e Cor che geme
Dunque sù cantiamo inſieme.

L'Italienne.

Si mon amour a plus de violence,
Ie dois chanter d'un ton plus fort,
Quand on se void prest de la mort
Le plus haut que l'on peut on demande assistance.

La Françoise.

Mon chant fait voir par sa langueur
Que ma peine est viue & pressante;
Quand le mal attaque le cœur
On n'a pas la voix éclatante.

Toutes deux.

Cessons donc de nous contredire
Puisque dans l'amoureux empire,
Où se confond incessamment
Le plaisir auec le tourment,
Le cœur qui chante & celuy qui soupire
Peuuent s'accorder ayfément.

VII. ENTRÉE.

Des Filles de Cour, & des Filles de Village.

Filles de Cour. Le Marquis de Villeroy,
Les Sieurs de Lorge, & Bonart.

Filles de Villages. Monsieur Ioyeux, les Sieurs
Lerambert, & Vagnar.

Le Marquis de Villeroy, *representant vne Fille
de Cour.*

L'On n'a pû iusqu'icy me soupçonner d'amour,
Et nulle tache encor n'empesche que i'esclate ;
Mais sçachant que l'honneur des Dames de la
 Cour
Est vne chose delicate,
Rien n'est si difficile au point où ie me voy
 Que mon scrupule n'entreprenne,
Pour oster tout suiet de médire de moy,
Iusqu'à me retrancher l'Escuyer qui me meine.

VIII. En-

VIII. ENTRÉE.

De Gens qui se contrefont les vns les autres, & de trois Echos de differente Harmonie.

Contrefaiseurs. Messieurs Bontemps, S. Maury, Baptiste, Bruneau, Geoffroy, les Sieurs Des-Airs le Cadet, du Moustier, le Conte, & Lambert.

Echos.

Violons. Les Sieurs la Quaisse, & le Marchand.
Flustes. Les Sieurs Pieche, & Descousteaux.
Voix. Messieurs Hebert, & le Gros, qui chantent les paroles suiuantes.

Vos beaux yeux embrasent mon cœur,
Mais l'excez de vostre rigueur
Alentit peu à peu
L'ardeur de mon feu :
O Dieux ! si vous estiez vn peu traittable
Vous verriez, Objet adorable,
Qu'Amour n'eust jamais vn amant
Plus ferme & plus constant.

SARABANDE.

Enfin je vous reuoy, charmante Cour,
Lieux tant aimez où naquit l'Amour
Que j'ay pour Climeine :
Mais je voy depuis mon retour
Que cette inhumaine,
Comme le premier jour,
Est insensible à ma peine.

F

Pour le Sieur Baptiste, *representant un Contrefaiseur*.

CHacun de nous a du merite en soy,
Et ce sont des Talens differens que les nostres,
Les autres quand ie veux sont contrefaits par moy:
Mais ie ne me voy point contrefait par les autres.

IX. ENTRÉE.

De la Force suiuie par des Soldats, & de la Raison suiuie par des Notaires.

La Force. Monsieur Cocquet.
Quatre Soldats. Messieurs Tartas, & Barbot, Les Sieurs la Fonds, & le Noble.

La Raison. Le Sieur Beauchamp.
Quatre Notaires. Monsieur Cabou, les Sieurs Don, Raynal, & Des-brosses.

Pour les *Soldats*, & les *Notaires*.

CEs differens emplois ont pareils caracteres,
Soit en nous faisant peur, soit en nous obligeant
Les Soldats, & les Notaires
Nous font trouuer de l'argent.

X. Entrée.

Des Amants, & des Maistresses.

Amants. Les Marquis de Mirepoix, & de Rassan, Mess. Moliere, & Des-Airs l'aisné.

Maistresses. Madame Guichart, Madame de Buridan, Mademoiselle Molier la fille, & Madem. de la Faueur.

Pour les *Amans*, & les *Maistresses*.

TEl soupire pour vne telle,
Et tant qu'il soupire pour elle
Sans cesse l'ingrate le fuit,
L'a-t'il quitée, elle le suit :
Telle va plus auant qu'elle n'eust osé croire,
Tel se pensant captif trouue la clef des champs :
Enfin voicy la grande Foire
Où se trompent tous les Marchands.

Pour le Marquis de Mirepois, *representant vn Amant.*

IE sçay bien presentement
Ce que c'est que d'estre Amant,
Ie n'y pouuois rien comprendre ;
Mais i'y suis fort consommé,
Il ne me faut plus qu'aprendre
Ce que c'est que d'estre Aymé.

Pour le Marquis de Raffan, *repreſentant un Amant.*

VNe charge d'Amant eſt fort conſiderable,
Et ie le comprens mieux que iamais ie ne fis;
Mais qui l'exerce eſt miſerable
S'il n'en ſçait tirer les profis.

XI. ENTRE'E.

Des Adroits & Mal-Adroits.

Adroits. Monſieur Coquet, & le Sieur Beauchamp.

Mal-Adroits. Monſieur Cabou, & le Sieur Doliuet.

CE pauure Mal-adroit qui ne plaiſt à perſonne,
Pourroit bien rencontrer ſon heure en quelques lieux;
Comme ſouuent l'Amour a d'aſſez mauuais yeux,
Peut-eſtre n'a-t'il pas toûiours l'oreille bonne.

XII. ET DERNIERE ENTRÉE
Des diuerses Nations.

Deux Gentilhommes François, deux Italiens,
deux Turcs, deux Indiens,
& vne Espagnolle.

LE ROY. *representant vn Gentilhomme François.*
& Monsieur Langlois.

Deux Italiens. Messieurs Baptiste,
& Des-Airs l'aisné.

Deux Turcs. Messieurs Verpré, & Bruneau.

Deux Indiens. Messieurs Bontemps,
& le Vacher.

L'Espagnolle. Mademoiselle Verpré, *dansant auec*
Castagnettes, accompagnée de huict Guittarres.

LE ROY, *representant vn Gentilhomme*
François.

IE croy, sans vanité, qu'en quelque part que
  i'aille
Ie pourrois m'égaler aux gens les mieux appris,
Ie n'ay pas l'air mauuais, & voy que dans ma
  taille
Ie ne suis pas des plus mal pris.
       G

Auecque du credit i'ay des biens en Prouince,
Mes affaires d'ailleurs sont en assez bon point;
Qu'on parle deuant moy d'vne noblesse mince,
Cela ne me regarde point.

Quand vn voisin m'offence, ou m'a fait quelque
iniure,
Ie me bas contre luy s'il est de mon estoc :
Puis ie cherche la Paix, & voudrois ie vous iure
Que les armes fussent au croc.

Tous ces Tiltres enflez ne sont pas ce que i'ayme,
La vanité me choque, & c'est si peu mon grief,
Qu'on me nomme souuent par mon nom de Bap-
tesme.
Encor que i'aye plus d'vn Fief.

Je me veux marier, moy-mesme & mon Village
Tous deux auons besoin que ce soit au plustost,
Et pour entretenir vn honneste ménage
Personne n'a mieux ce qu'il faut.

Habits, meubles, cheuaux, vn équipage lefte,
Ne fe trouueront point ailleurs comme chez moy:
Ieune, Galand, adroit, vigoureux, quant au refte
Gentilhomme comme le Roy.

Le Ballet finit par vn Dialogue qui fe fait entre le Ballet, la Critique, la Mode, la Contrarieté, & le Defgoufté, accompagnez d'vne trouppe de Muficiens.

La Critique. Mademoifelle de la Barre.
La Mode. La Signora Anna Bergerotti.
La Contrarieté. Mademoifelle Hilaire.
Le Ballet. M. le Gros.
Le Defgoufté. M. Meufnier S. Elme.

Les Muficiens.

Meffieurs de la Barre, & Vincent,
Les Sieurs Pieche, Brunet, Defcoufteaux,
Deftouche, Hobterre, Halais, Nicolai, le Conte,
le Bret, les deux le Roux, Magni, la Quaiffe,
Marchand, Roulet, le Grec, la Vigne,
Beffon, & Orange.

Il Balletto, la Critica, la Moda, la Contrarietà, lo Suogliato.

Il Balletto.

Che dite di me?
Io sono il Balletto
Che qualche diletto
Pur hora vi diè.
Che dite di me?
Scusate il difetto
Ch' ongn' vno l'ha in sè,
Et anche in effetto
La Fretta mi fè
Che dite di me?

La Critica.

D'antiche inuentioni
Vn misto sei tù

La Moda.

L'idée che tu esponi
Non vsan qui sù

La Contrarietà.

Mai peggio cò i suoni
Dansato non fu.

Lo Suogliato.

Da Mastri sì buoni
Sperauo di più.

Le Ballet.

Le Ballet, la Critique, la Mode,
La Contrarieté, le Dégouſté.

Le Ballet.

Que dites-vous troupe critique
De moy petit Ballet comique
Qui vous ay cru donner vn inſtant de plaiſir ?
Regardez mes defauts auec quelque indulgence,
Chacun ſans doute en a beaucoup plus qu'il ne penſe,
Et pour moy qui fus fait auec peu de loiſir,
Se peut-il que je m'en diſpenſe ?

La Critique.

De vieilles inuentions
Tu n'es qu'vn vil aſſemblage.

La Mode.

Tes falottes Viſions
Ne ſont plus à noſtre vſage.

La Contrarieté.

Jamais d'aucun Ballet ny les Airs ny la Danſe
N'ont ſi mal contenté l'oreille ny les yeux.

Le Deſgouſté.

Pour moy j'eſperois beaucoup mieux
De gens de cette conſequence.

H

Il Balletto.

Ah ah così fate?
Così mi beffate?
Ogn'un sà far ceffo
Et à buon cambio anch'ìo di voi mi beffo.

Tutti.

Amor tu sol non erri
Se beffarti presumi
De Mortali è de Numi,
Ch' ad vn sol colpo ogn' alterezza atterri;
E s'alcun di te ride
Tu con armi homicide
Vsi punirne à doppio il folle ardire
Sol si beffi di te chi sà fuggire.

F I N E.

Le Ballet.

Quoy donc vous vous mocquez ainſi
De moy qui ne veux que vous plaire ?
Bien loin de m'en mettre en colere
Ie me mocque de vous auſſi.

Tous enſemble.

Amour, vous ſeul impunément
Eſtes en pouuoir de vous rire,
Des Dieux & des Mortels qui ſont également
Soumis aux loix de voſtre empire :
Mais ſi quelqu'vn des mortels ou des Dieux
Veut rire de voſtre puiſſance,
Vous puniſſez ſon ris audacieux
Par vn ſupplice egal à ſon offence ;
celuy ſeul peut ſe mocquer de vous
ſi vous fuyant, ſe dérobe à vos coups.

F I N.

www.ingramcontent.com/pod-product-compliance
Lightning Source LLC
Chambersburg PA
CBHW060610050426
42451CB00011B/2177